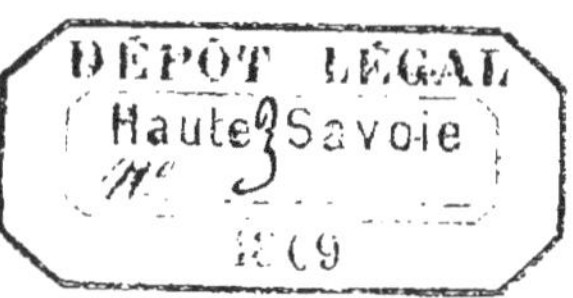

NOTICE

BIOGRAPHIQUE

NOTICE BIOGRAPHIQUE

SUR

M. LE CHANOINE JORAT

CURÉ DE LA PAROISSE

DE SAINT-MAURICE D'ANNECY

ANNECY

CHARLES BURDET, LIBRAIRE-ÉDITEUR

1869

NOTICE BIOGRAPHIQUE

SUR

M. LE CHANOINE JORAT

CURÉ DE LA PAROISSE

DE SAINT-MAURICE D'ANNECY

L'histoire d'un bon prêtre est comme un vase pré-
cieux où l'on veut conserver les parfums dont les
vertus qu'elle raconte répandaient les saintes odeurs.
Il nous semble donc louable et utile de ne laisser
pas s'évanouir trop tôt le souvenir d'un pasteur
dont le zèle, la haute intelligence, l'amabilité et le
dévouement ont fait de toute sa carrière sacerdotale
une source abondante et jamais interrompue de mé-
rites pour lui et de sanctification pour les autres ;
mais, comme la vie d'un prêtre, même éminent, ne
présente ni assez de variétés ni assez de faits remar-
quables pour fournir la matière d'une longue histoire, lorsqu'elle s'est écoulée tout entière dans les

fonctions ordinaires du saint ministère, nous nous bornerons à une not'ce que bien de nos lecteurs trouveront trop courte. A ceux qui nous accuseraient d'arriver trop tard, nous répondrons qu'il ne sera jamais trop tard de parler de M. le Chanoine Jorat aux habitants d'Annecy et surtout à ses paroissiens.

I

M. François Jorat est né à Bogève, le 17 novembre 1810, dans une famille pieuse, honorable et aisée ; il fut remarqué dès ses plus jeunes années par son curé, M. Vuargnier, prêtre vénérable et savant. La gravité de cet enfant, la précocité de ses talents et ses manières douces n'échappèrent pas à l'attention du vieux pasteur et lui inspirèrent la pensée d'engager ses parents à l'envoyer au collége. En effet, après avoir commencé ses études à la cure de Bogève, il alla les continuer à La Roche. On se souvient encore de la sévérité de la discipline que M. le chanoine Pàquier, supérieur de ce collége, y avait établie ; mais le jeune Jorat, déjà doué de cette haute raison dont il a donné plus tard tant de preuves, observait la règle de la maison avec une exactitude qui ne donna jamais lieu à aucun de ces châtiments dont on n'était guère avare dans les colléges de ce temps-là.

La volée d'élèves à laquelle appartenait M. Jorat était remarquable par les capacités hors ligne qui s'y trouvaient, ce qui n'empêcha pas le jeune écolier de Bogève d'y être constamment des premiers par ses succès et par sa piété : piété sans ostentation, mais aussi sans lacunes ; piété qu'il avait comprise comme son saint patron l'a définie. C'était un accomplissement entier, incessant de tous ses devoirs d'écolier vertueux, remplis uniquement par dévouement à la volonté de Dieu. La pensée de consacrer sa vie au service des autels avait pris ce jeune homme au début de ses études et inspira sans cesse son obéissance, sa piété et son travail. Une seule fois elle parut, aux yeux de M. Pàquier, s'être démentie ; mais, mieux informés, les supérieurs rendirent leur estime à leur élève.

M. Jorat fut au séminaire ce qu'il avait été à La Roche, un élève distingué, un séminariste pieux, un condisciple aimable, un aspirant au sacerdoce tout animé de l'esprit de sa sainte vocation. Son supérieur, M. le chanoine Lamouille, appréciateur éclairé du mérite de chacun de ses séminaristes, avait voué à M. l'abbé Jorat une estime toute particulière, dont celui-ci, disons-le en passant, ne s'est jamais prévalu ni au séminaire ni après en être sorti. Aussi n'excita-t-il jamais la moindre jalousie sur ce point. Ses condisciples l'aimaient et surtout l'estimaient comme ses supérieurs. La plupart vivent encore et lui avaient conservé l'affection qu'il en avait alors obtenue.

II

Aussitôt après son élévation au sacerdoce, M. Jorat fut envoyé, à titre provisoire, auprès du vieux curé de Vers, dans l'archiprêtré de Viry. C'était un vicariat bien modeste pour le premier sujet sorti alors du séminaire. Le jeune Prêtre reçut cette destination comme s'il avait été envoyé dans le premier poste du diocèse, et il se mit à l'œuvre avec un zèle, une charité, une application dont les habitants de ce village gardent encore le souvenir. Les quelques mois qu'il a passés avec le vénérable pasteur de Vers ont suffi pour laisser dans leur cœur un attachement mutuel, dont la mort de M. l'abbé Guindin a seule pu briser les liens. Quand le curé de Vers venait à Annecy, sa ville natale, sa première visite était pour son ancien vicaire, et nous l'avons entendu, une année avant sa mort, dire encore à M. Jorat combien de saintes impressions son rapide passage à Vers y avait laissées. Il avait ramené à la pratique des sacrements un bon nombre d'hommes qui avaient malheureusement subi, les uns l'influence des mauvais temps où nous sommes, les autres, l'influence des prédicants du *momérisme* genevois. M. Jorat possédait à un degré supérieur l'art de la dialectique catholique, et il savait descendre ses raisonnements à la portée des esprits les moins intelligents sans nuire à leur force et à leur enchaînement. Ses exemples et ses prières faisaient le reste.

De tels succès l'avaient si bien attaché à cette paroisse qu'il y aurait volontiers passé sa vie ; mais Mgr Rey, son évêque, savait trop bien ce que ce jeune vicaire pouvait faire dans une localité plus importante, pour oublier qu'il n'était à Vers que provisoirement. M. Jorat fut envoyé à Saint-Jeoire auprès de l'un des curés les plus aimés de Mgr Rey. M. Nachon, prêtre d'une intelligence et d'une vertu bien connues, reçut son nouveau vicaire comme un don que lui faisait l'amitié de son évêque, et il lui accorda immédiatement une confiance sans réserves. La population de Saint-Jeoire, vive, intelligente et affectueuse, comprit aussi vite que son curé le prix du prêtre qu'on lui envoyait. Les prédications de M. Jorat lui obtinrent de prime abord une influence qui attira la foule autour de son confessional, et c'est là surtout qu'il excellait. Nous ne savons où, si jeune encore, il avait acquis cette connaissance des cœurs qui lui en révélait tous les secrets et qui les lui attachait en même temps. M. Nachon bénissait les succès de son vicaire, et, lorsque quelques obstacles au bien s'élevaient dans sa paroisse, lorsqu'il fallait porter à quelque désordre un remède prompt et puissant, c'est M. Jorat qu'il faisait agir et parler, et les obstacles s'aplanissaient et les contradictions s'évanouissaient, et les désordres prenaient fin. Du reste, nous devons dire, pour être juste, que ces conjonctures épineuses furent rares et qu'elles fournirent à la population de Saint-Jeoire des occasions de prouver à M. Jorat son estime et son attachement.

Les œuvres de ce Prêtre éminent étaient trop bien

les œuvres de Dieu pour manquer d'être marquées au coin de la contradiction. Des nuages s'élevèrent entre le curé et son vicaire, portés là par le vent de mesquines passions étrangères au cœur de l'un et de l'autre, tellement étrangères qu'ils ne purent découvrir d'abord d'où venait ce vent. M. Nachon a regretté plus tard ce moment de mésintelligence, et celui qui écrit ces lignes les a entendus, quelques années après, converser ensemble comme des amis qui n'avaient pas cessé de s'estimer, mais qui avaient cessé un moment de se comprendre.

Au moment où M. Jorat devint disponible pour un autre poste, on demandait au diocèse d'Annecy un aumônier pour la brigade de Savoie. Il fallait là un prêtre qui comprît bien les difficultés exceptionnelles de sa position et la ligne toute spéciale à suivre pour y faire le bien. Mgr Rendu s'empressa d'y appeler M. Jorat, qui ne crut pas pouvoir accepter une charge aussi étrangère aux habitudes qu'il avait contractées dans l'exercice du ministère ordinaire et au genre d'études qui l'avaient occupé jusqu'à cette heure. La nomination dont nous parlons n'eut conséquemment aucune suite, fort heureusement pour les âmes que M. Jorat dut diriger ensuite dans les voies de la perfection religieuse, et pour les fidèles qui devinrent ses chères ouailles pendant les dernières années de sa vie. C'est alors qu'il fut appelé au monastère de la Visitation d'Annecy. Il aurait préféré le ministère paroissial ; il accepta néanmoins de bon cœur un genre d'occupations tout nouveau pour lui, mais dont il connaissait déjà les rapports essentiels avec la direction des âmes pieuses. Il partit de Saint-Jeoire, emportant l'estime de son curé et les regrets de la paroisse où il a laissé des amis qui ont pleuré sa mort.

III

M. Jorat arriva à Annecy durant le mois de mai 1844, heureux de placer sous la protection de la sainte Vierge les débuts de sa mission : au milieu des saintes filles de Marie et de l'ange de Genève. Il portait le nom du saint fondateur de la Visitation ; il venait à la direction de ce monastère pendant le mois de Marie ; il crut voir dans ces deux circonstances un présage des bénédictions qui féconderaient ses nouvelles fonctions. L'étude des saintes Règles et des pieuses traditions de l'Ordre des Visitandines fut d'abord son unique occupation dans sa chambre, et la direction de ses nouvelles paroissiennes, son unique travail en dehors de cette occupation. Une intelligence aussi prompte et aussi compréhensive, déjà préparée par une science théologique peu ordinaire, eut bientôt connu à fond le terrain où elle venait d'être trans-plantée. La piété de M. Jorat eut bientôt conquis toute la confiance des Religieuses. Aussi leur nouvel aumô-nier remplit immédiatement toute leur attente et suf-fit à tous les besoins de leurs âmes. Il y avait encore dans cette sainte maison d'autres âmes à sanctifier, même à former, et cette partie du troupeau ne cédait pas à l'autre en importance : le pensionnat de la

Visitation d'Annecy est composé de jeunes personnes des hauts rangs de la société, qui rentrent ensuite dans le monde pour y occuper des positions influentes, comme épouses et comme mères. M. Jorat en voulut prendre un soin particulier. Tout en multipliant ses entretiens spirituels avec les Religieuses, il multiplia chaque semaine ses instructions à leurs pensionnaires. Des deux côtés la terre était excellente, et le semeur infatigable avait trouvé le bon grain qu'il y fallait répandre.

Les gens du monde ne se font pas une juste idée des travaux du prêtre, et, parce que ses labeurs ne tombent pas toujours sous leurs yeux, ils sont portés à croire sa vie pleine de longs et doux loisirs. Nous aurions voulu les voir suivre pas à pas l'aumônier de la Visitation dès quatre heures du matin à dix heures du soir. Assurément, bien peu d'entre eux voudraient mener une telle vie. Ce n'est pas que M. Jorat refusât les délassements qui ne prenaient ni sur son ministère, ni sur ses études, ni sur ses exercices de piété. Il recevait gaiement chez lui un grand nombre de confrères, surtout parmi les jeunes prêtres qu'il avait connus au collége ou au séminaire, et il était rare qu'il fût seul à sa table. Il supportait même, avec une peine peu dissimulée, les refus de ses invitations. Aussi aimable et aussi expansif que durant ses études d'écolier et de séminariste, il avait conservé l'amitié de tous ses anciens condisciples ; aucun d'eux n'arrivait dans la ville épiscopale sans venir passer avec lui quelques instants, où il leur montrait toujours son amicale jovialité d'autrefois. A coup sûr, il ne se livrait pas à tous avec un égal abandon, et nous n'avons pas à en exposer les motifs. Tout ce que nous pouvons dire ici, pour ne pas le dire ailleurs, c'est que, si des amis l'ont laissé un peu, il n'en a laissé aucun. Délicat dans ses procédés, il désirait peut-être trop qu'on le fût avec lui. Sincère et ouvert, il se sentait blessé quand on lui montrait une réserve méfiante. Discret et charitable dans ses conversations les plus vives, il était sévère envers ceux dont les paroles allaient, à l'aventure ou non, buter à travers les vertus chrétiennes. Homme de beaucoup d'esprit, il ne se faisait pas faute de plaisanter un ami, pourvu qu'il fût payé de la même monnaie; mais il ne laissa jamais échapper un mot que n'aurait pu avouer la pureté de son cœur et de toute sa vie.

Chaque dimanche, avant la bénédiction du Saint-Sacrement, qui se donne à cinq heures du soir dans l'église de la Visitation, M. Jorat faisait une instruction sur le Catéchisme pour les élèves du pensionnat. Placé devant la grille du chœur des religieuses, mais assez avant dans le sanctuaire pour être partout entendu, il avait un auditoire, dans la nef de l'église, qui venait fidèlement jouir de sa parole. Il savait, en effet, donner à ces instructions toutes familières tant de clartés, un tour si nouveau, des aperçus si ingénieux, des comparaisons si intéressantes, qu'elles suspendaient à ses lèvres l'attention des personnes les plus instruites, comme celle des gens du peuple. Au-delà de la grille, les catéchismes de M. l'Aumô-nier étaient écoutés avec un bonheur dont les jeunes demoiselles du pensionnat, nous le savons, gardent encore le souvenir au milieu du monde où elles ont été appelées après leur sortie de l'établissement. A cette instruction, M. Jorat en ajoutait plusieurs dans la semaine, soit pour les Religieuses, soit pour les pensionnaires ; ce qui n'empêchait pas les deux jours voués au confessionnal dans l'intérieur de la maison, les longues heures passées au confessionnal de l'église, les correspondances dont la Supérieure le chargeait ou sur lesquelles elle le consultait, 'les fréquents examens que les jeunes élèves subissaient devant lui, les conférences particulières de direction que les Sœurs lui demandaient, les entretiens avec les étrangers de distinction qui venaient vénérer les saintes reliques de la Visitation d'Annecy. Le reste de son temps était consacré à ses livres. Il avait quelques jours de repos aux Quatre-Temps. S'il ne les passait pas chez lui, il allait visiter ses parents ou un ami, et il se livrait alors aux joies du cœur avec le laisser-aller d'un jeune homme ; ce qu'il savait admirablement concilier avec la gravité d'un prêtre pieux.

Nous venons de parler des visites que les étrangers de haut parage ne manquaient pas de faire à l'Aumônier de la Visitation, avant ou après leur visite aux reliques de saint François de Sales et de sainte Françoise de Chantal. On nous permettra bien de citer, à cette occasion, les paroles que Mgr Rendu nous disait un jour : « Tous les comtes et comtesses, marquis et marquises, qui viennent me voir après leur visite à l'église de la Visitation, me parlent, avec une sorte de surprise et de ravissement, du bon ton

et de la distinction des procédés de l'abbé Jorat
envers eux. Ils seraient tentés de le prendre pour
un homme de haute lignée ; et moi, je suis tout fier
de leur apprendre qu'il est, comme tant d'autres
prêtres éminents de mon diocèse, le fils d'un brave
paysan de nos montagnes. » C'est à l'affection ainsi
obtenue de la famille de Nicolaï que M. Jorat a dû
de passer avec elle et sans frais deux mois à Rome,
à l'époque où Pie IX définissait, au milieu de deux
cents évêques, le dogme de l'Immaculée Conception.

IV

M. Jorat aurait voulu passer sa vie au Monastère
de la Visitation, et les Religieuses, qui avaient goûté
les fruits de son ministère pendant quatorze ans,
désiraient le garder toujours ; mais les Supérieurs
ecclésiastiques, qui connaissaient la réputation dont
leur aumônier jouissait dans Annecy, saisirent avec
empressement l'occasion que leur offrait la mort de
M. Vuillet, curé de Saint-Maurice, pour l'appeler
au gouvernement de cette importante paroisse. C'é-
tait à la fin de 1858. La certitude que lui donnait
l'inamovibilité attachée à ce poste, de passer le reste
de sa vie au milieu des habitants d'Annecy, qu'il aimait
beaucoup plus qu'il ne le laissait paraître, ne con-
tribua pas peu à lui faire accepter sa nouvelle destination.

A peine installé, il se livra corps et âme à son peuple. Son premier soin fut de connaître personnellement chacun de ses six mille paroissiens. Pour y parvenir le plus tôt possible, il se chargea exclusivement des registres. Comme alors les curés rédigeaient les actes de l'état-civil, ce travail l'occupait beaucoup. Afin de faciliter cette besogne, il dressa une table alphabétique avec dates, noms et prénoms de toutes les naissances, de tous les mariages et décès depuis 1800 ; énorme travail qui lui prit plus de six mois. Quand on se montrait surpris de le voir constamment occupé de cette aride nomenclature, où son cœur et son intelligence ne devaient trouver ni goût ni profit, il se montrait surpris de voir à son tour qu'on ne devinât pas combien son amour pour sa paroisse lui inspirait d'attachement à cette œuvre. Un autre motif encore, pris dans son cœur, avait engagé le curé de Saint-Maurice à se réserver la tenue des registres : il entrait ainsi en relations quotidiennes avec ses paroissiens. Il les recevait et leur parlait avec une attrayante affabilité. Il voulait s'en faire aimer parce qu'il les aimait et qu'il ne pouvait autrement leur faire du bien. Tout le monde sait qu'il a réussi.

Le genre de travail dont nous venons de parler ne nuisit en rien ni aux devoirs de sa charge ni aux devoirs de convenances qu'il avait à remplir. Il recevait beaucoup de visites, et il les recevait d'aussi bonne grâce que s'il n'avait eu à faire que cela. Il en rendait peu, mais il n'omettait volontairement aucune de celles qu'il devait rendre. Ses malades de la ville le voyaient tous les deux jours, à moins qu'il ne fût empêché, et son porte-monnaie s'amaigrissait consi dérablement chaque fois que son malade était un pauvre. Son assiduité au tribunal ne cédait devant aucun autre devoir, devant aucune fatigue, devant aucune souffrance, et ce confessionnal était souvent entouré d'une foule qui n'était pas formée de ses paroissiens seuls. Plus au large dans la chaire de Saint-Maurice que dans ses entretiens ascétiques du couvent de la Visitation, ses prédications et aussi sa voix avaient pris plus d'ampleur, sans que sa parole perdît son cachet particulier. Un de ses premiers soins, en arrivant dans sa paroisse, fut d'y établir la pratique du mois de Marie, et la solennité qu'il lui donna attira moins la foule chaque soir que les allocutions où le pieux curé parlait avec son cœur des vertus, des douleurs et de la gloire de la Mère de Dieu. Encouragé par le concours de ses paroissiens, surtout d'un grand nombre d'hommes, il a continué ces prédications pendant cinq ans, toujours variées, instructives et émouvantes.

A cette institution il en ajouta une autre qui existait autrefois dans l'église de Saint-Maurice, mais qui était tombée en oubli : nous voulons parler de l'octave de prières pour les âmes du purgatoire, qui commence le dimanche après l'Assomption. On ne saurait dire qui fut plus heureux du pasteur ou de ses ouailles, en voyant cette pieuse pratique ressuscitée. Ce fut encore lui qui prêcha à la première octave des suffrages, et il le fit avec une onction si touchante qu'il ranima dans les cœurs le souvenir des défunts les plus oubliés. Parmi les devoirs du pasteur, M. Jorat mettait en première ligne le soin des enfants. Sa conscience et son cœur, toujours d'accord, l'étaient en ceci plus que jamais. Il aimait les enfants avec une tendresse de mère ; il en parlait avec un bonheur qui rebondissait de son cœur à ses lèvres ; il racontait avec une naïve complaisance ce qu'il leur disait au catéchisme et ce qu'ils lui répondaient ; il punissait leurs fautes avec tant de regret que l'enfant, objet de sa sévérité, était plus désolé de la peine qu'il avait faite au catéchiste que de la rigueur du châtiment ; il n'en rencontrait jamais dans la rue ou dans ses promenades sans leur adresser de ces paroles simples et affectueuses qui vont aux cœurs des enfants, et ils lui répondaient avec un abandon, une franchise, un plaisir qu'on lisait dans leurs yeux. Nous avons été souvent témoin de ces aimables dialogues. M. Jorat pouvait se reposer avec confiance sur le zèle de ses deux vicaires et partager avec eux le soin de préparer ceux des enfants qui étaient destinés à la première communion dans l'année ; on le lui conseillait fortement aux derniers temps de sa vie ; il répondait : « Laissez-moi mes enfants. Pourquoi me priverais-je « du bien qu'ils me font ? Ma paroisse me donne bien « des consolations, mais aucune comme celle-là. » Jamais, en effet, plus beaux jours pour lui que ceux des premières communions. « Ce jour-là, nous disaient, « il n'y a pas longtemps, des personnes d'Annecy, « il buvait les enfants de ses yeux. » Le surlendemain de ces belles fêtes, il allait quelquefois passer un jour chez l'un de ses confrères, aux environs de la ville. Là il était tout à sa joie ; il ne savait parler que de ses enfants, que de leur ferveur, que de ses jouissances des jours précédents, et, lorsqu'on lui faisait observer que, dans quelques années, plusieurs de ses enfants ne seraient plus comme il venait de les voir, il trouvait cette remarque bien désobligeante, bien cruelle ; il s'en plaignait un peu, puis il se remettait à louer et à bénir ses enfants. Ce n'est pas qu'il crût à l'inamissibilité de leur piété. Son expérience ne lui permettait pas cet espoir. Aussi avait-il eu soin d'établir, pour tous les dimanches, le catéchisme de persévérance que ses vicaires et lui faisaient tour à tour, à une heure commode pour les jeunes gens, mais bien gênante pour des prêtres déjà fatigués par les travaux de la matinée.

La tenue matérielle de sa vaste et belle église, l'ordre le plus exact dans son administration et l'appareil du culte divin étaient aussi les objets de son zèle et de sa vigilance. Les plus menus détails ne lui échappaient pas et il mettait à tous une grande importance ; ce qui lui fit prendre quelquefois des mesures qu'on trouvait trop sévères, parce qu'on n'en savait pas les motifs. C'était une jubilation pour ce bon curé de recevoir un don pour ses autels, de voir des réparations faites ou promises à son église. Il l'aimait, cette église, d'un amour si décidé que quelquefois on se permettait de l'en plaisanter. Il répondait poliment aux railleries, mais avec tant d'esprit qu'il y mettait vite fin. Nous l'avons bien des fois surpris, regardant tristement de sa fenêtre le vieux temple, lui construisant dans son imagination une façade gothique et une tour du moyen-âge, couvrant son intérieur de peintures murales dont il choisissait déjà les sujets, et dégageant son extérieur des constructions qui viennent s'appuyer contre ses flancs. Déjà il avait commencé des démarches pour la réalisation d'une partie au moins de son beau rêve.

Nous n'avons pas besoin de dire les soins que le Curé de Saint-Maurice donnait aux trois confréries de sa paroisse, avec quelle sagesse il en dirigeait les administrations, avec quelle attention il en élaguait les indignes, avec quel zèle il en provoquait le développement. Celle du Sacré-Cœur de Jésus lui a dû une sorte de résurrection. La scission qui dut s'opérer dans la confrérie du Saint-Sacrement, dont on appela à Notre-Dame ceux de ses membres qui appartenaient à cette paroisse, fut bientôt réparée par un recrutement. Sur les derniers temps de sa vie, M. Jorat a établi l'adoration perpétuelle du Saint-Sacrement.

<h2 style="text-align:center">V</h2>

La paroisse de M. Jorat, toute populeuse qu'elle fût, n'absorbait pas tellement ses affections qu'il n'y eût plus de place dans son cœur pour ceux qui sollicitaient de lui quelques services. La haute estime dont il jouissait dans tous les rangs de la société, la position qu'il occupait dans le clergé et l'habileté avec laquelle il menait les affaires les plus difficiles furent souvent mises avec succès au service de ses confrères et aussi des laïques qui recouraient à sa charité. Nous pouvons dire ici, avec une égale assu rance, qu'il n'a jamais rien demandé pour lui et qu'il a souvent sollicité pour les autres. Il n'y avait pas besoin qu'on fût son ami pour devenir son obligé. Des amis, il en avait peu et il ne tenait pas à en avoir beaucoup. D'un caractère droit et loyal, mais d'un tempérament bilieux et lymphatique, M. Jorat paraissait peu sympathique à ceux qui l'abordaient rarament, à moins qu'ils ne fussent ses paroissiens. Il était cependant doué d'une vive sensibilité : un bon procédé le gagnait de prime abord, et, quand il se mettait à aimer, c'était chaudement. Par contre, il supportait difficilement la duplicité, les finasseries et les airs de méfiance à son égard. Dieu nous préserve d'ajouter qu'il fût sans défaut et que, par exemple, la persévérance de son énergie n'ait jamais pu être prise pour de la tenacité ; mais il est certain que ces luttes avaient toujours pour théâtre son propre terrain et qu'il les soutenait sans haine, mais non sans douleur.

VI

M. Jorat avait fait, pendant qu'il était à la Visitation, une maladie grave, mais qui fut courte et ne paraissait point avoir altéré sa santé habituelle. C'est en 1865 qu'il a ressenti, sans qu'il le laissât paraître, les premières atteintes de sa dernière maladie. Il ne modéra pour autant ni son zèle ni son travail, et, cependant, chaque fois qu'il descendait de chaire il lui fallait s'étendre sur son canapé où il restait plus d'une heure

dans une prostration complète de ses forces ; puis il se
relevait et toutes ses forces paraissaient lui être reve-
nues, — du moins il voulait le faire croire, — car il ne
se faisait pas illusion sur les suites prochaines de ses
fatigues. Il disait quelquefois à un de ses amis, plus
âgé que lui : « Je mourrai avant vous ; » et, lorsque son
ami profitait de cette prévision lugubre pour l'engager à diminuer son travail et surtout à abréger ses
séances au confessionnal, il lui répondait : « Je ne
« m'éloignerai jamais du dernier de mes paroissiens ;
« je mourrai pour eux. » Aux Pâques de 1868, il était
au confessionnal comme auparavant, et il était déjà
bien malade ; car, en revenant de l'église, il n'avait
pas la force d'atteindre le haut de l'escalier de sa
demeure ; il était obligé de s'arrêter à chaque palier.
Il parut encore à son église pendant les premiers
jours du mois de Marie, tout heureux du succès de
l'éloquent prédicateur qu'il avait procuré à sa paroisse. Pendant le reste de ce mois et les premiers
jours du mois de juin, sa maladie fit des ravages
désespérants. Les prières de ses paroissiens, des
Communautés religieuses et de ses amis lui obtinrent
sans doute bien des grâces, elles n'obtinrent pas sa
guérison, qui aurait été un miracle. Les soins éclai-
rés, affectueux et journaliers de MM. le commandeur
Lachenal et docteur Callies ne procuraient au malade que de courts soulagements. Or, jamais M. Jorat
n'avait été si calme ; jamais il n'avait été meilleur
envers les personnes qui l'entouraient pour le servir,
il avait encore le mot pour rire. Il disait un jour à un
ami, arrivé inopinément vers son lit : « Le croiriez-

« vous ? j'ai refusé les Sacrements ! » En effet, celui des missionnaires de La Feuillette qui ne l'a pas quitté un instant durant sa maladie, le Père Mabboux, le croyant plus mal ce jour-là, voulait lui donner les derniers secours de la religion ; mais le malade se sentait la force d'aller plus loin. D'ailleurs, il faisait souvent des communions de dévotion. On était alors au commencement de juillet. M. Jorat est mort le 2 septembre.

Tout ce qui s'est passé, dès le moment du décès à celui de la sépulture, atteste énergiquement la vénération et l'amour des habitants d'Annecy pour le prêtre éminent qu'ils regretteront longtemps encore.

M. Buttet, chanoine de la cathédrale et vicaire général, présidait aux funérailles. Il esquissa en termes touchants les devoirs du bon pasteur, sur la tombe de celui qui les avait si pieusement remplis, et, lorsqu'il termina son allocution funèbre par un *Requiescat in pace* pris dans son cœur, l'immense cortége répondit tout entier avec un douloureux élan : *Amen.*

Puissent ces pages, écrites par l'amitié, devenir un monument à côté de celui que les paroissiens de Saint-Maurice d'Annecy vont élever sur la tombe de leur bien-aimé pasteur !

Annecy. — Typ. Burdet.